念仏が開く世界

宮城《みやぎ》 顗《しずか》

法藏館

念仏が開く世界　目次

願生浄土 26

念仏が開く世界

一、次の世にいのちの灯が相続されていく

今回、午前の講題として、ご住職から「念仏が開く世界」という講題をいただきました。先ほどの法要の表白におきましても、「念仏相続の道場」ということをおっしゃっておられました。「念仏相続」といいましても、念仏というものがどこかに漂っているというわけではございません。それは、念仏と共に生きていかれた無数の人々の、その具体的な姿のほかにないわけでございます。

皆さんの中にも、ご記憶のある方がいらっしゃるかと思いますが、今から十年ほど前、井村和清《かずきよ》という岸和田徳洲会病院の内科医をしておられた方が

書かれた、『飛鳥へ、そしてまだ見ぬ子へ』という本が出版されました。井村さんは、三十歳のとき右膝に悪性腫瘍が見つかり、右足を切断されたのです。さらにその半年後、その腫瘍が肺に転移した時点で、自ら余命六か月と判断し、死の一か月前まで医師として働きながら闘病生活を送られ、三十二歳でお亡くなりになりました。

井村さんには、二歳になる一人娘の飛鳥ちゃんがいました。そしてまた、奥様のお腹の中には、まだ見ぬ赤ちゃんがいたのです。それで井村さんは、死を直前にしながら、

「三十余年ここに生きたという証であり、私のために泣いてくれた人々への私の心からのお礼のことばであり、そして何も知らない幼い二人の私の子どもへ与えうる唯一の父親からの贈り物」（「はじめに」より）

として一冊の本を執筆してお亡くなりになりました。それが『飛鳥へ、そしてまだ見ぬ子へ』でした。

その本には、闘病生活の中で井村さんが思いを重ねられたことが、ひじょ

うに率直に語られています。そして、その最後のほうに、遺していく子どもたちへの願い、子どもたちに贈る言葉として、「燈燈代代《とうとうだいだい》」という言葉を遺しておられます。飛鳥ちゃんは当時二歳、下の子はまだ生まれていない。ふつうなら、お母さんに孝行してくださいよとか、そういうことを書くのが常識かと思います。ところが、大人の私たちでもちょっと見ただけでは、これは何のことかなと思うような「燈燈代代」という難しい言葉を、飛鳥ちゃんたちに遺しておられるのです。

井村さんは、何をおっしゃりたかったのか。私たちは、一人ひとりが自分のいのちの火を燃やして、そして一人ひとりが身に受けているいのちの事実を尽くして、それぞれが長い人生を生き切ってゆく。その生き切っていく姿が、まさしく一つの灯《ともしび》なのでしょう。一人ひとりが、それぞれの願いをもって人生を生き切っていく。その姿が、また周りの人々の一人ひとりに、いのちの火を灯《とも》していく。一人の人間が、人間として身に受けなければならないいのちの事実をしっかり受け止め、そのいのちを燃やして生き切っていく。

その姿が、そのまま周りの人々に伝わっていく。どうかあなた方も、自分のいのちを燃やし尽くして、人間として悔いのない人生を送ってください。そのことが、人間のいのちの長い歴史となっていくのだよといわれるのです。

井村さんは、ご自身が癌という身の事実を、最後までまっすぐに受け止めながら生きていかれた。そのことが、どうかあなたのいのちに火を灯すように。そしてまた、あなたのいのちの火が、あなたの子ども、あるいは周りの人々にいのちの火を灯すように、どうかいのちを輝かして生きていってくださいということをおっしゃりたかったのだと思います。

そういう願いが、この「燈燈代代」という、燈から燈へ、次の世代から次の世代へと、いのちが相続していくという言葉にこめられているのです。そしてそれが、念仏相続の道場なのであります。相続というのは、そういう念仏の教えに遇った人が、一人ひとりいのちの火を灯すことを通して、念仏の法が伝わるということなのでありましょう。

二、自分が支えられていることを知る

念仏の法と申しましても、念仏の教えに生きられた人のほかにないわけですけれども、今こちらの法要で仏教讃歌を聞かせていただきまして、その最後に「朝」という歌を聴かせていただきました。その歌詞は次のようでした。

自分がどれだけ
世に役立っているかより
自分が無限に
世に支えられていることが
朝の微風《そよかぜ》のなかで
わかってくる　（榎本栄一詩集『群生海』より）

この歌をお聞きしながら、私はあるお婆さんのことを心に思い浮かべていました。そのお婆さんは、富山に住んでおられた方でしたが、たまたま私の友人が養子として入った寺の門徒さんでした。友人はその寺に入寺してすぐ、何日間かかけてご門徒の家を一軒一軒挨拶まわりに行かれたそうです。ちょうどその日は長いあいだ降っていた雨がやんで、とても気持ちのよい晴天の日だったそうです。行く先々の家で、みんな洗濯物を干しておられる。山際のある家へ行ったら、そこでそのお婆さんが、やはり洗濯物を干しておられた。見ていたら、庭先に陽がいっぱいふりそそいでいるのに、そのお婆さんは、洗濯物を陽のささない軒下に干しておられる。友人は、どうして軒下に干しているのだろうと思ったそうです。これだけお陽さまが当たっている庭先に、どうして洗濯物を干さないのか。しまいに黙っておれなくなって、

「お婆さん、何で陽のよく当たるところに干さないのですか、その方がカラッと乾いて、気持ちよいのに」

と、そういうようなことをいったそうです。そしたらそのお婆さんは、ジロ

ッとその友だちを睨みつけて、こうおっしゃったそうです。

「あんた、ほんとうに仏教を勉強してきたのか」

と。それで友だちがびっくりしたのですが、

「そりゃあまあ、勉強してきました。京都の大谷大学で四年間勉強して、それから本山の研究所で真宗の教えを勉強してきました」

と、こういうようなことをいったそうです。そしたらそのお婆さんが、「嘘をつけ」といわれた。

「嘘ではない、ちゃんと行ってきたんです」

といったら、

「そんな自分の肌につけていた汚いものを、毎日生かしてもらっているお天《てん》道《とう》さまに恥ずかしげもなく曝《さら》け出して、よう平気でおれるもんだわ。そういう根性の者が、なんで仏教を勉強したなんてことをいえるんだ」

と、こっぴどく叱られたのだそうです。

仏教を勉強したということは、まさにここに歌われている、「自分が無限

に世に支えられていること」、そのことを本当に身に染みて知ること、それが仏教を、そして念仏の教えを知ることではないのかと、そのお婆さんから教えられたのです。

現代に生きるものは、効率よくものを利用することしか頭にない。ですから洗濯物を干すのでも、少しでも効率よく乾かすということしか考えない。ですから、お婆さんに叱られた友人も、やはりお天道《とう》さまを利用して洗濯物を乾かすほうが効率がよいと考えていたので、びっくりしたのでしょう。そういう利用ということが、私たちの現在の考え方の根っこにございますね。

三、念仏の心が私を通して用《はたら》いていく

利用ということですが、仏教では受用《じゅよう》という言葉を使います。受け用《もち》いる。生きるということは、利用することではない、受用することだということです。この身に受けているものを、ほんとうに活用させていただく。私たちは、

この身にいろいろな支えをいただいて生きている。それこそ「自分が無限に世に支えられて」今こうしてこの身を受けている。受け難き身を、今受けて生きている。まさに「人身受け難し、いますでに受く」であります。

その受け難いいのちをこの身に受け、力をいただいて生きていくこと、そういう意味を受用という言葉で示されているわけです。生活するということも、本来は身に受けている生を活かすということでございましょう。ともすると、生活するということは、自分の思いで自分の夢を追い求めていくことだと思いがちですが、そうではない。身に受けているいのちを、ほんとうに活かしていく、その活かすということが受用ということです。そのためには、まず自分の身に受けているものをしっかりと受け止めるということがなくてはならないわけです。

しかし、そういうことはちょっと考えると、自分というものを押し殺した、何か消極的な生き方ではないか。もっと自分を主張して、積極的にものをつくり出していくような、そういう創造的な生き方をしたい。こういうことが、今日の特に若い人たちの思いでございます。それはたいへん積極的でいいことですけれども、じつは何か新しくものをつくり出すということは、今までなかったものを自分の能力で、あるいは自分の頭でつくり出すことではけっしてありませんね。ほんとうにこれはすごいと、心から感動するようなものをつくり出すときには、そこにじつは受用という精神がはたらいていなければなりません。

いつも思うのですが、武満徹《たけみつとおる》という世界的な作曲家がいらっしゃって、つい最近（一九九六年）お亡くなりになりました。この方はいつも、

「作曲というのは何にもないところから頭を絞り出して作るのではない。すでにこの世の中に満ち満ちている音を聞き取ることなのだ」

とおっしゃっておられました。そして、

「そのためには耳を澄ませて、世界に満ちている音を、この身体に享受することが大事だ。ほんとうに優れた作曲家というのは、じつはほんとうに優れた聴衆なのだ」

ということをおっしゃっていました。

考えてみると、ほかの分野でも、たとえばナラ林ばかりを撮っている写真家がおられます。その方も、はじめからカメラを構えてナラ林に入って行かれるのではないのですね。その林の中に入りこんで、一時間ほどジッと座っている。そして周りの気配が全身に感じ取られ、そしてやがて林が語りかけてくるのを聞き取ったときシャッターを押すんだと、こういうことをおっしゃっておられます。

そういう写真だからこそ、誰が見ても感動できるのでしょう。ただ個人の頭で、こういうことがおもしろいのではないかと思いつきでやったものは、そのときはみんな感心するかもしれませんが、けっして長いあいだ伝わって、いつの世にあっても人々に感動を呼び起こすというようなものにはならない。そういうことがございまして、受用ということは、けっして受け身ということではございません。ほんとうに受け取ったとき、私が受け取ったものが私を通して用《はたら》いていく。

そして今、念仏者というのは、念仏申せという呼びかけを聞きとり、それを我が身に受け取る。そのとき念仏の心が私を満たし、私を通して用《はたら》いてくる。その歩みが、たとえば先に申しあげたお婆さんの言葉でございましょう。あんたは頭で仏教を勉強したかも知らんけれど、ほんとうに仏教の心に触れたのかと、知識だけを身につけてきたのではないのかと、そういう厳しい叱責であります。

四、安心して悶えられる

それと同時に、いま一人の方を思い出すのですが、それが先ほどの讃歌で聞かせていただきました「大いなる会座《えざ》」という詩の言葉でございます。

うけがたきひとの身をうけ
聞きがたきミダの　のりをきく

いまここに　ひざまずくわれ
こうをたき　かおりただよう
きょうまんの　こころはやまず
つみとがの　ふかき身なるを
ミダだいひ　ものうきことなく
み名よべば　おさめてすてじと
そのままに　いだきとどめむ
みほとけの　おおいなる会座《えざ》のなか
おんどうぼうと　呼びかわしつつ
（作詞　太宰行信）

こういう詩が先ほどうたわれたのでございます。これをお聞きしていて思い出したのですが、私が住職をしていた寺のご門徒になられた女性がおられました。この方はもと真言宗の寺の檀家でいらっしゃいました。そして、どういうご縁があってか知りませんが、東本願寺の高倉会館では毎日曜日に講演がなされていますが、そこで真宗の教え、親鸞聖人の教え、念仏の教えにお遇いになられました。そしてどうしても私は、この真宗でなければ救われないと、こう心の中で思い定められた。それで、家に帰られてお子さんたち、といってももう皆さんりっぱな成人でして、ご長男は整形外科の教授でいらっしゃいますし、娘さんは日銀に勤めておられる。それぞれりっぱな仕事についておられる方々なのですが、そのお子さんたちに相談なさった。その方の心づもりでは、ふだん寺のことや法事関係はいっさいお母さんに任せて、私たちは知らないという感じだったそうですから、私が真宗に替わりたいといっても、まあ好きにすればいいじゃないの、というかと思っていたら、お子さんたちがみんな真正面から反対されたのです。代々真言宗の寺でお世話になってきているのに、お母さんの気持ちだけで替えるということは納得できないと反対された。それでそのお母さんは、困ったなと思われると同時に、ちょっと喜びも感じられたようです。寺のことなどどうでもいいというのではなく、それなりに考えていてくれたことがわかったのが嬉しかったと。でも、どうしても私は、やはり真宗に替わりたい。それで何度も説得するのですが、なかなか許してもらえない。

ところが、たまたま本人が検診で胃癌だということがわかりまして、しかもあまりいい状態ではない。そこは息子さんが整形外科の先生ですから、医者仲間から詳しいことを聞いておられる。そういう状況になって、それではもうお母さんの最後の願いを聞いてあげようではないかということで、真宗に替わるということを皆賛成なさった。それで高倉会館でのご縁がありまして、京都にある私の寺にどうか門徒にしてほしいということでおいでになりました。そして宗派を替わる法会を勤めさせてもらいました。そのときにその方が、次のようなことをおっしゃいました。

真言宗も立派な教えでしょうが、真言宗は善根を積み、修行を積んで、少しでも美しく賢く清らかな身になって、ここまで向上してきなさい、ここまで向上してきたら救われますよと教えてくださる。けれども、それこそここにうたわれているように、

きょうまんの　こころはやまず
つみとがの　ふかき身なるを
ミダだいひ　ものうきことなく
み名よべば　おさめてすてじと
そのままに　いだきとどめむ
みほとけの　おおいなる会座のなか
おんどうぼうと　呼びかわしつつ

という真宗の教えに触れて、身に染みて頷かせてもらった。自分自身を振り返ってみれば、ほんとうに「きょうまんのこころはやまず、つみとがの」身であることがわかった。そうしたら真言宗の教えでは、その私は切り捨てられるわけでございます。もっと向上してきなさい、もっと善根を積んで清らかな身になってきなさいと、条件がいっぱいつけられる。それは私にはとてもできない。すればするで、いよいよ驕慢《きょうまん》の心を強くしてしまう。私はこれだけ善根を積んだ、私はこれだけの修業をしてきていると、何か逆に驕慢の心を強くするばかりの自分になっていってしまうと、そういうことを深く悲しまれておられました。

そして、その方は「み名よべば　おさめてすてじと　そのままに　いだきとどめむ」とございますが、真宗はそのままに抱きとどめてくださる。清くならなくてもいい、過ちも犯す、人間としての弱さをいっぱいもっている。ただそのことを深く悲しむ心、我が身のそういう在り方を深く悲しむ心をもつならば、その悲しむ心が念仏申せという声に頷くはずだ。そういう声に頷くとき、そこにそのまま抱かれるということがあるのだとおっしゃいました。

それで、その法会が終わってお帰りになるときに、そのお母さんが一言こういうことを挨拶として残されました。「これで私は悶えてこれます」と。その翌日入院なさって手術を受けることになっておりました。それはたいへんな覚悟がいることでありますから、死を前にして、いろいろな思いを胸に抱いて悶えるということが当然あるはずでございます。けれども、それこそ

「そのままに　いだきとどめむ」という世界を私は教えていただいた。ですからこれで、安心して悶えてこれますと。私がどれほど悶えようと、私が悶えることぐらいで消えてしまうような世界ではない。そういうたしかな世界。たくさんの人が愚かさの中で、醜さの中で、のたうち回りながら、しかしそのことを知らされ、そのことを深く悲しむ心を呼び覚まされたとき、念仏の呼び声に気がつき、念仏の声と共に生きていかれた人々が、次から次へと生まれていらっしゃる。そういうたしかな世界に、今私は目覚めることができた。「だから私はこれから安んじて悶えてこれます」と、そういうことをおっしゃいました。そのお母さんにとっては、念仏の教えは、まさにそういう私をあるがままに受け止めてくださる。そしてその私の中に念仏申すという心を呼び覚ましてくださる。そういうたしかな教えだったという頷きによって、真言宗から真宗へと願われて真宗門徒になられたのです。

五、何を願って生きているのかが、今のその人を決める

念仏の世界とは、そういう世界でございましょう。これは、いつもこういう席で講師紹介ということをしていただくのですが、申し訳ないことですが、正直申し上げますと、紹介していただくのは私の過去ばかりでございますね。詳しくおっしゃる方もございまして、何年にどこで生まれて、どこの大学に入って、どういう仕事をしてきて、今の肩書はこうだと。

もしそういうことが人間を決めるというのなら、この世に平等はございませんね。みんないろいろな仕事をしたい、地位も上げたい、けれどもなかなかそうはいかない。努力をしても、チャンスに恵まれない人もあります。努力しようにも、できない生活状況にある人もいらっしゃいます。今まで生きてきたことによって形づくられてきた過去のいろいろな肩書き、名前、それがもしその人を決めるのなら、そういう縁とかチャンスとか、身に受けてい

る能力の違いによって、みんなバラバラでございましょう。

人間を決めるのは、過去ではないのです、未来なのです。未来とは何かというと、何を願って生きているのかということなのです。こういうことを、親鸞聖人はおっしゃってくださっています。いかなることも、男であることも女であることも、僧であることも俗であることも、どれだけの学びをしたか、どれだけの善根を積んだか、どれだけの悪行を重ねたか、そんなことはいっさい問わない世界がある。そんなことで決まらない世界が、念仏の世界なのだと。ただ一つ、どういう願いに呼び覚まされたのか。その願いが、その人の今の存在を決めていくのだ、これからの在り方を開いていくのだと、そういうことを親鸞聖人は教えてくださいました。

親鸞聖人は、自ら求められた道を、どんな人も、皆、同じように、そして斉《ひと》しい世界に生まれられる道であるといわれます。皆《かい》・同《どう》・斉《さい》ということ、皆・同じく・斉しく歩める道でなければ、人間はほんとうには救われないのだ。自分一人の救いなどということはないのだと。自分一人どんなに救われたといっても、周りに苦しんでいる人がいれば、心はけっして安らかではないでしょう。それでも心安らかな人なら、それは人間として救われたとはいえないのでしょう。皆と共に、同じように、そして斉しい世界に、さあ共に生きようと、念仏と共に教えてくださったのが親鸞聖人でございます。そういうことを、この讃歌の言葉を読ませていただきまして、あらためてそのお二人の方のことが頭に浮かびました。念仏の世界と申しても、それはそういう具体的に生きられた人の内にあるものであって、外にあるものではないのだということを、感じたような次第でございます。

午前中は、ここまでとさせていただきます。

願生浄土

一、浄土は場所ではなく世界としてある

午後の講題として、「願生浄土」というテーマをいただいています。

浄土といいますと、まずそんな世界があるのかという疑問が、素朴に心に浮かぶかと思います。そしてまたこの問いは、始末の悪い問いでございまして、私があるといいましても、それですぐ納得できるかというとそうはいきませんね。また、私がないといいましても、ほんとうにないのかなあという思いをもたれる方もおありかと思います。ともかく自分の目でたしかめて自分の手で触れてというたしかめができない。まあいちおう経典には、十万億土の彼方などと書いてありますが、十万億土の彼方などということになりま

すと、とても行って調べるわけにはまいりません。ですから、あるとかないとかという言い方では、答えようがないということが一つございます。

私は、昨日富山から高山まで車で送ってもらいましたが、ふつうはだいたい二時間くらいで着くのだそうです。ところが昨日は、途中二箇所で大変な事故が起こっていまして、けっきょく高山に着くまでに四時間かかりました。そういうことでしたが、ともかく富山から車で二時間行けばそこに高山という街があるという、そういう意味で浄土があるとはいえない。ここからたとえ十万億土であろうと、二時間であろうと、ともかくそういう場所があるということではございません。それでは浄土はないのかというと、じつはあるのでございます。

そのあるという意味は、これまた厄介な言葉を使わなければならないのですが、一つの願いに満ちた世界としてある、こういう言い方にしかならない。浄土は世界としてある。しかし、それは場所かというとそうではない。世界というと、最近おもしろいコマーシャルがございますね。夜中に寝ていた男の子がふと目を覚ましたのでしょう、むくむくと起き上って寝間のふすまの隙間から居間のほうを見たら、お父さんとお母さんが二人だけでお茶漬けを食べている。それで男の子が怒るわけですね。「大人の世界というものは！」といって憤怒の形相をするのですが、その子がからだ中に力を入れて怒る顔がとても愉快で、おもしろいコマーシャルでした。そういう意味の「世界」。大人の世界、子どもの世界、あるいは私たちのような僧侶の世界に生きている者。また、皆さんもそれぞれお仕事をおもちでしょう。それぞれがお仕事の世界のなかを生きていらっしゃる。そういうことを、世界という言葉でいいますね。そういう意味では、浄土という世界があるのです。浄土という世界は、願いに生きる人々が共に生きている世界といってもいいかと思います。

二、お互いのいのちの事実を尊びあう

世界という言い方しかできないのですが、大人の世界、子どもの世界、お

相撲さんの世界というように呼びます。また、愛情の世界とか憎しみの世界とか、そういう言い方もします。いま私は、住職を譲りまして九州の福岡市に住んでいるのですが、京都の寺は息子が十九代目の住職を務めてくれています。その息子の子どもである孫から、先日の敬老の日にファックスが送られてきました。「おじいちゃん元気ですか。おばあちゃん長生きしてね」ということが書いてあるのですね。その孫は、いま中学三年の娘で、精いっぱい女の子らしい絵がいろいろ描かれていまして、ほんとにうれしいものですね。それはただ、ファックスを受け取ったというのではないのですね。ファックスと共に、愛情を受け取っている。孫の心を受け取っている。そしてそのときには、孫と自分とのあいだが一つの愛情でつながって満たされている。そういう世界があるということを、身に深く感じさせられました。何かそういう意味の世界、愛情の世界。それに重ねていえば、浄土は深い願いをもった世界です。こういうことが、そこに教えられるわけでございます。

では、その浄土というのはどういう世界なのかということを、もう少し触れてみます。私は、いつも尾崎一雄という方のことを思い出します。明治生まれで、大正から昭和にかけての作家でございます。当時、小説の神様といわれた志賀直哉という先生につきながら、作品を書いておられる。ところが、苦心惨憺《さんたん》して一つの小説を書き上げ、ああ書けたと思って読み直してみると、先生がすでに自分よりもっと早く、もっと立派に作品として発表しておられた。どれだけ頑張ってみても、志賀先生を越えられない。いったい自分が作家として生きている意味があるのかという絶望に陥って、六年間ほど奈良に籠って、何にも書けないという時代を過ごされた方でございます。

その方が、あらためて作品を書きはじめられました。それは次のような境地に達せられたからです。「先生は庭の中央にある立派な枝ぶりの松の木だ。誰でもが見てほめる。私は便所の陰のヤツデだ。だけど自分がヤツデだと分かったら、ヤツデでしか書けない小説を書こうと思って書き始めた」と。それを尾崎一雄さんは「ヤツデ文学」という言い方をしておられます。まあそれからあとは、ひじょうにユーモアに満ちた作品を残しておられます。

尾崎さんは、そこまでしかおっしゃっていないのですが、私は自分のこととして思いますと、さてヤツデだからヤツデしか書けないと、そう素直にすぐなれるかなあと思います。俺はどうあがいてもヤツデだと、どうせヤツデだと、逆に絶望するということもありましょうし、自分をおとしめるということにもなりかねません。そうではなくて、ほんとうに便所の陰のヤツデとして、生き生きと輝いて生きることができるということがあるだろうか。そうするとそこに、私はそれを勝手に「庭の発見」という言葉で申しておりますが、つまりりっぱな松があり、トイレの陰にうずくまっているのがヤツデだと。それでヤツデはヤツデでと、こういうことになるのでしょうが、しかしこれとこれとだけを見比べているだけなら、私はやはりヤツデとして生きようなんて気持ちになれるとは思えないですね。

尾崎さんは触れておられないけれど、じつは同じ一つの庭を生きている松でありヤツデであるのではないか。この松がどんなにりっぱであっても、松以外の他の木が全部枯れていたり、醜い姿をしていたら、その庭はけっして美しい庭にはなりませんね。真ん中にある松だけはりっぱだけれど、まわりは美しい姿をしていない。それでは逆に、荒《すさ》んだ世界を感じさせられてしまいます。その庭を見て心が安らぐとか、心が開かれていくとか、そういうことにはならないのではないか。しかし、一つの庭を私たちは共に生きているのだ、松は松として庭の中央でその一つの庭を生きている。私は便所の陰のヤツデとして、その一つの庭を生きている。生きている世界は一つ。その世界を輝かすために、それぞれの立場で、それぞれの位置で、それぞれのものとして自分のいのちを尽くしていく。そういうことがなかったら、ヤツデとしての文学などというものはできないのではないか。

この庭というものを、人生という舞台ということでお考えいただいてもいいかと思います。芝居が演じられる。その芝居には、必ず主役と脇役が分かれますね。ポスターには、主役はそれこそ大きな文字で名前が書かれ顔写真も出る。脇役の人は、ほとんど名前も出ない。けれども、同じ舞台をつくるというその情熱において、脇役の人が脇役として主役を盛り立てなければ、主役がどれだけ力んでみても生き生きとした舞台にはならない。それぞれの役割をそれぞれに尽くす。しかもそこに、同じ舞台をつくっていくのだという喜びがなかったら、ほんとうに共に生きるということはできないのではないか。そういうことを私は思います。

そしてそういう舞台、そういう庭の意味をもっているのが、じつは浄土という世界でございましょう。浄土という世界を見いだすとき、私たちははじめて人と人との競争ではなくて、同じ願いの世界を生きる者として、私は私の事実を尽くさせていただく。その人はその人の人生の業を尽くして、生きていってくださる。お互いのいのちの事実を尊びあうことが、はじめて生まれてくるのだと思います。そういうことがなかったら、私たちはけっきょくバラバラではないのか。ほんとうに、一つに出会うということはありえないのではないのか。そういうことを強く思います。

三、自分の生き方にどれだけ悲しみをもてるか

私たち人間というものは、一人では生きていけない存在でございますね。こちらの別院から出されている『飛騨御坊』という月刊の出版物がございますが、その『飛騨御坊』で読ませていただいた詩がございます。これは平成十三年二月の『朝日新聞』の夕刊に載っていたものだそうです。九十一歳の男性の日記ということで書かれていましたが、こういう詩ですね。

人間に生まれて人間が分からない
人間に生まれて人間を持て余す
歳をとって　ただ寂しさが増すばかり

ほんとうに何か寂しさ、悲しさというものが、そくそくと伝わってくる詩

でございますね。九十一歳になって、「人間に生まれて人間が分からない人間に生まれて人間を持て余す　歳をとって　ただ寂しさが増すばかり」。この方の九十一歳までの人生が、どういう人生であったのかはわかりません。けれども、一生懸命に生きてこられたのでしょうね。それなりにといいますか、喜びや悲しみや、いろいろな思いを抱えて生きてこられたのでしょう。そして九十一歳になって人間がわかってきたかというと、かえって人間がわからなくなった。人間に生まれて人間を持て余す。持て余すという言葉は、ひじょうに実感がございますね。自分で自分を持て余す。人間である事実を持て余す。

現在の世界を見渡しましても、ほんとうに人間というのはどういう存在なのかと思います。これほど残虐に、いのちを奪いあう動物は他にはないですね。犬畜生といいますが、他の動物は、理由なくしてはけっして他を襲い、他のいのちを奪うということはございませんね。弱肉強食の世界ですけれども、しかしそれはどこまでもいのちの摂理に従って、必要なだけを食べて、必要以外はけっして捕らない。たとえばライオンでも、腹が満たされているときは、ウサギが目の前をぴょこぴょこと跳んでいっても捕らないといわれています。

ところが、人間だけは、思いに立って、思いに脅《おび》えて、そしていよいよ身構えをして争いを重ねていく。いわゆる抑制力とか抑止力とかいいますね。核を持っていると他の国の攻撃を抑えることができる。そこには、他の国が襲ってくるのではないかという思いが、まずあるわけです。それで、自分のほうもそれに対抗して準備しなくてはいけないということになる。すると、準備をすればまた周りの国は警戒して、さらに軍備を強くしようとする。どんどんどんどん、お互いが思いのところで身構えを固めていく。そのように、争いが常に繰り返される。テロに対するテロというようなことです。ほんとうに人間というのはどういう存在であったのか。まさに人間を持て余す。ある意味で、今日地球上にあって人間は、人間を持て余しているのではないか。そんな思いもいたします。

だいぶ以前ですが、『パンツをはいたサル』という、栗本慎一郎という方が書かれた本がございました。人間は足らなくて迷うのではないのです。余計なものをくっつけて迷っている。その本でいえばパンツをはいている。余計なものを着けている。それは一つの思いを身に着けているということです。そこには羞恥心ということもありましょうね。素っ裸ではいられない。けれどもそれは、そこにいろいろな思いを重ねることですから、その思いで周りを見つめると、あいつはどうも物騒だ、あいつにも備えなければならないという、そういうことの繰り返しでございます。

現代は小さな子どもたちに、人を信じてはいけませんということを、一生懸命に教えています。それは幼児誘拐というような事件が次から次へと頻発していますから、それに対する対策としてやむをえないということがあるのでしょう。知らない人から声をかけられても、返事をしてはいけませんよと。ましてやこちらから声をかけたり、ついて行ってはいけませんよと教えています。やむをえないといえばやむをえないのですが、ただ大事なことは、そこに悲しみがあるかどうかということです。親として、子どもに人を信じてはいけないなどということを教えなければならない。あるいは子どもを育てるべき教育者が、子どもにそういうことを教えなければならない。そのことに、どれだけの悲しみを抱えているのだろうか。それを当然の対策としてそれでよしとするならば、それはたいへんな間違いではないのか。そういう教育だけで育ってきた子どもが、どういう大人になっていくのか。どういう手段がいいのか、なかなかいい方法が浮かびませんけれども、何か子どもの心をもっと豊かに潤していくような、そういう教育をどこかでしたい。今は、知らない人に声をかけられても返事をしてはいけないよというような悲しいことを教えなければならないけれども、しかしこの子が一人の人間になっていくうえで何がいちばん大事なのか、何を伝えなければならないのか、そういうことをどれだけ悲しみをもって考えているかということが問われているのだと思います。

四、浄土は願いを呼び覚ましてくださる世界

私は今、福岡の街のマンションに部屋を借りて住んでいます。大きなマンションでございますけれど、みんなバラバラでございます。いちばん象徴的なのが、エレベーターの中ですね。人が途中で乗り込んでくるとき、乗り込んでくる人もブスッとしていますし、迎え入れる側もみんな身構えるような感じがございます。私は仕事であちこち出ることが多いものですから、夜遅くに帰ってまいりますと、夜十二時近くのエレベーターに乗ることがあります。

そのときエレベーターで女の人と二人だけになると、ほんとうに困るのですね。どうすればいいのかと思ってしまいます。それでいろいろ考えまして、やはり後ろから見つめられているのは嫌だろうなと思い、自分が入口に立って後ろから私を見つめさせていたほうが警戒もできるしいいのかなと思い、

前に立つようにしていました。それで、大学の女子学生に、こういうことをしているのだけれどどうだろうかと聞きました。

そうしたら、「先生それは違う」というのですね。男の人に入口に立たれていると、その男の人が振り返って手でも広げたら逃げようがないというのです。そうではなくて、女性が入口に立っていれば、後ろから何かされそうになっても、非常ベルを鳴らすこともできるし、ボタンを全部押して止まったところで飛び降りて叫ぶなど、何かができる。ところが、後ろに押し込められてしまったらどうしようもない。だから先生は後ろに乗りなさいと、こういうことでございました。

ほんとうにまあ、寂しいことでございますね。せっかく夜遅くに女の人と二人で乗ったのですから、もう少し賑やかになってもよさそうなものですが、心華やぐどころか、心が冷めてしまいます。そういう世の中に、だんだんなってきている。これはほんとうに悲しいことでございます。

そういう中で、私たちがほんとうに心を一つにして、しかもけっして強制的にではなく、お互いがそれぞれのいのちをそれぞれに輝かして生きていける、そしてそれをお互いが讃《たた》えあう世界が、私たちはどうしても欲しい。この詩を書かれたお年寄りのように、「歳をとって　ただ寂しさが増すばかり」という人生は、とても悲しすぎます。そうではなくて、歳をとればとるほど人の世の温もりを感じる。そういうことがなかったら、生きていく勇気も情熱ももちえないのではないか。

たとえば、先ほど孫との愛情の世界ということを申しましたが、そういう世界を感じると、私でも孫たちのために、この孫たちがこれから大人になって生きていく社会を何とか少しでもよくしたいという思いや、あるいは願いが呼び覚まされてきます。浄土とは、そういう愛情と共に願いを呼び覚ましてくださる世界でございます。あなたが求めていることは、皆が一つの世界を共に歩みあいながら生きていける世界を願っているのだ、どうかそういう世界に目覚めてほしいと呼びかけているのが、浄土でございましょう。

五、こういう世界をあなたは求めていると呼びかけてくる

私は浄土ということを思いますとき、いつも同じ言葉をご紹介するのでございますが、大正十一年に発足しました部落解放運動の水平社の宣言文です。その中にこういう言葉が置かれてございます。「人の世に熱あれ、人間に光あれ」という叫びでございます。そしてこの言葉を私の友達が、「人の世にいのちの温もりあれ、人間にいのちの輝きあれ」というように受け止めてくれました。

考えてみますと、人間としての願いは、ここに尽きるのでございましょう。私たちがどれだけ便利な社会を享受できようとも、どれだけ経済的に豊かになろうとも、今申しましたように、自分の住んでいる社会にいのちの温もりが感じられない、お互いに警戒心をもって向かいあわなければならない、そういう世界でいいのか。やはり私たちは、自分の生きている社会にいのちの

温もりがあり、お互いを労《いたわ》りあい、お互いの幸せを願いあう、そういう眼差しに満ちた社会を願うのでしょう。そしてそこに生きる一人ひとりが、自分の受けているいのちを輝かせて生きていける、一人ひとりが自分の人生をほんとうに尊いものとして喜びあいながら生きていける人生が願われるわけでございます。

親鸞聖人は、浄土とは寿命無量の世界、光明無量の世界、こういう言葉で教えてくださっています。浄土とは、いのちの温もりといのちの輝きに満ちた世界。さらにいえば、すべての人々の上にそういう在り方を開きたい、そういう世界を成就したいという願いをもって建立されたのが浄土でございます。ですから、浄土は、私たちに人の世にいのちの温もりあれ、人間にいのちの輝きあれと、その願いを呼びかけ続けてくださっている世界でございます。その世界に触れるとき、私たちは人間としての願いに目覚め、呼び覚まされ、そしてその願いに生きるということがはじまるのでございましょう。

いろいろなことを心に思っているけれども、いのちそのものが求めているのは、こういうことなのだよということが教えられ、そういう願いを私たちに呼び覚ましてくださるのが、浄土という世界ではないのか。そのことを、願いの心をもって荘厳されている世界が、浄土だと教えられてきています。

願生浄土というのは、何か特別な世界に、自分だけ特別な歩みをもって生まれたいということではございません。いかなる人であれ、人間としてのいちばん根っこの願い、その根っこの願いにどうか耳を澄ませてほしい。その願いの声を聞いて、そしてその願いに生きる身になっていってほしいという呼びかけとしてはたらき続けているのが、浄土という世界でございます。それはどこかに、理想郷としてあるのではけっしてありません。そういう意味において、浄土は現に生きてある。その証拠に、そこからかぎりなく浄土に触れた人々が念仏者として生まれ出て、今日の私たちにまでその歴史を伝えてくださっている。

大きなテーマをいただきまして、十分なことはとても申せないのですが、今現在、私は願生浄土ということをそういう意味において、自分の生きる歩みの上で感じ取っているわけでございます。

こういう立派な法縁が営まれ、そして今日からまた新たな一歩の歴史を刻んでいく、その出発に当たってまことにお粗末な話でございますけれども、そこに教えられてきています親鸞聖人や蓮如上人のお心を、具体的に示してくださった念仏の教えというものが、こういう世界をあなたは求めているんだよ、どうかその世界を生き切ってほしいという、そういう呼びかけとして聞きながら、新しい一歩一歩を歩んでいってくださることをお願いするばかりでございます。

どうも長時間ありがとうございました。

あとがき

「念仏が開く世界」、「願生浄土」は、二〇〇五（平成十七）年十月十六日に真宗大谷派高山教区の了泉寺において、蓮如上人五百回御遠忌法要が厳修された記念講演としてお話されたものの記録です。

宮城顗先生が病気で倒れられる直前のお話として、いわば「最後の講演」であったと思われます。このたび了泉寺ご住職のご承諾をいただき、『宮城顗選集』完結の記念として発刊させていただきました。

六年間にわたる選集刊行事業を賛助下さった皆さまに、あらためて厚く御礼申し上げます。

宮城顗選集刊行会

宮城　顗（みやぎ　しずか）

1931年，京都市に生まれる。大谷大学文学部卒業。大谷専修学院講師，教学研究所所員，真宗教学研究所所長を歴任。真宗大谷派本福寺前住職。九州大谷短期大学名誉教授。2008年11月21日逝去。

念仏が開く世界

二〇一五年六月一六日　初版第一刷発行
二〇一六年五月二五日　初版第二刷発行

著　者　宮城　顗
編　集　宮城顗選集刊行会
発行者　西村明高
発行所　株式会社　法藏館
京都市下京区正面通烏丸東入
郵便番号　六〇〇-八一五三
電話　〇七五-三四三-〇〇三〇（編集）
〇七五-三四三-五六五六（営業）

装幀　井上二三夫
印刷　中村印刷株式会社

ISBN 978-4-8318-8734-4 C0015